AF201006

Las Vegas

lieben lernen

Der perfekte Reiseführer für einen unvergesslichen Aufenthalt in Las Vegas inkl. Insider-Tipps und Packliste

Pia Wallenstein

Alle Ratschläge in diesem Buch wurden sorgfältig erwogen und geprüft. Eine Garantie kann dennoch nicht übernommen werden. Eine Haftung für jegliche Personen-, Sach- und Vermögensschäden ist daher ausgeschlossen. Die Benutzung dieses Buches und die Umsetzung der darin enthaltenen Informationen erfolgt ausdrücklich auf eigenes Risiko.

✈ INHALT

Das erwartet Sie in diesem Buch

„The Lord above made the world for us, but the devil made Las Vegas..." – Gott erschuf die Welt für uns, aber der Teufel schuf Las Vegas – besingt Tony Christie in seinem bekannten Song die polarisierende Metropole.

Las Vegas, auch „SIN CITY" – die Stadt der Sünde – oder „CITY OF LIGHTS" – die Lichterstadt – genannt, mag man lieben oder hassen. Eines steht jedoch fest: Man muss sie gesehen haben!

Eine künstliche Welt im Herzen des US-Staates

Nevada, aus dem westamerikanischen Wüstenboden gestampft, einzig und allein für den Zweck, jedes Jahr Millionen von Touristen in ihren berauschenden Bann zu ziehen und zu unterhalten. Unzählige Casinos, Themenhotels, Clubs und Shows buhlen mit ihren Lichteffekten und Glitzerwelten Tag und Nacht um ihr Publikum. Aber auch hier gibt es die Schattenseiten des Neonlichts, denen man besser aus dem Weg geht.

In diesem Reiseführer verraten wir nicht nur alle Highlights, die Sie nicht verpassen dürfen, sondern auch wichtige Insider-Informationen und potenzielle Fettnäpfchen – damit Ihr Besuch in Vegas nicht nur einzigartig und unvergesslich, sondern auch einmalig und sicher wird.

Erfahren Sie, welche wichtigen Vorbereitungen Sie für Ihren Besuch bereits zuhause treffen sollten. Lassen Sie sich wertvolle Empfehlungen geben für die ausgefallensten Hotels, die imposantesten Shows, die leckersten Bars und Restaurants und die beeindruckendsten Sehenswürdigkeiten. Lernen Sie Stadt und Leute kennen. Staunen Sie über die vielfältigen Möglichkeiten, welche sich Ihnen bieten:

Achterbahnfahren in New York, Gondeln durch

Venedig, Shopping in Rom, Abtauchen in der Haifischbucht, Spontanhochzeit mit Elvis im Pink Cadillac oder Cocktails schlürfen beim Pool-Pokern ... Nichts ist unmöglich – alles geht.

Schonen Sie dabei Ihre Reisekasse mit unseren umfangreichen Spar-Tipps. Und wir verraten Ihnen, worauf Sie achten sollten, um unnötigen Stress und Ärger in Ihrem Urlaub zu vermeiden.

Lassen Sie sich mitnehmen auf Ihre perfekte Reise durch eine magische Welt voller Spiel, Spaß und Superlativen.

Welcome to Las Vegas!

Die Vorbereitung

BESTE REISEZEIT

L as Vegas liegt im Regenschatten der westlich verlaufenden Sierra Nevada Mountains. Das Klima ist regenarm und wüstenartig. Nur zum Jahresanfang kann der Monsun stärkere Regenfälle mit sich bringen. Das Leben spielt sich jedoch überwiegend in den klimatisierten Hotels und Casinos ab. Grundsätzlich kann man daher zu jeder Jahreszeit seinen Besuch genießen.

Nutzen Sie möglichst die Frühbucherangebote – Langfristbuchungen können sowohl bei Flügen als auch bei Hotelpreisen bis zu 40 % Ersparnis einbringen.

Von Mitte März bis Mitte Juli sowie von

September bis Anfang November ist das Wetter am besten. Die Tagestemperaturen liegen dann im Durchschnitt bei angenehmen 20-30 Grad. In diesen Monaten sind die Hotelpreise allerdings am höchsten. Günstiger reist man im Februar und November. Dann herrschen auch weniger Verkehr und Besucherandrang. Achtung: in der Winterzeit können die Temperaturen schon mal unter 10 Grad fallen – lange Hosen und Pullover sind hier angeraten. Auch kälteempfindliche Personen sollten immer eine leichte Jacke oder ein Tuch dabeihaben, denn die Klimaanlagen erzeugen oft starke Temperaturunterschiede vom Innen- zum Außenbereich.

Beachten Sie bei Ihrer Planung auch lokale und internationale Feiertage! Hier kann es große Unterschiede bei den Zimmerpreisen und vor allem bei dem Gästeansturm geben, wenn gerade eine Messe, ein Wettkampf oder ein besonderer Festtag anstehen.

Die Tage um Thanksgiving herum (24.11.) nutzen viele Amerikaner für feuchtfröhliche Familienzusammenkünfte kin Vegas. Im Dezember ziehen unter anderem das National Finals Rodeo sowie die freien Weihnachtsfeiertage und die Neujahrsfeiern

Besuchermassen an. Dann ist es in der Stadt so voll wie zur Hochsaison. Auch um den Valentinstag herum (14.2.) stürmen Hochzeitswütige die Heiratsmetropole. Im Sommer genießen zahlreiche amerikanische Studenten dort ihre Semesterferien.

Meiden Sie diese Stoßzeiten möglichst.

Da Las Vegas nicht nur für das internationale Publikum der Place to Be zum Feiern und Eskalieren ist, sondern auch für alle US-Einwohner, strömen besonders auch an den Wochenenden und während der Semesterferien große Scharen an partylustigen Amerikanern in die Stadt. Am Wochenende liegen Zimmerpreise deshalb immer höher als unter der Woche. Vergleichen Sie genau – ein Zimmer, das an einem Wochenende im Mai 300 $ kostet, ist im November vielleicht schon für 100 $ zu haben.

Auch die Flugpreise sind in der Nebensaison/im Winter deutlich günstiger. Ein Direktflug Hin und Zurück im Mai ab Frankfurt/Main ist schon ab 200EUR zu haben. In der Hauptsaison klettern die Preise auf das Doppelte bis Dreifache.

VORBEREITUNGEN

Altersgrenze

Beachten Sie, dass der Konsum von Alkohol sowie das Spielen in den Casinos in Nevada erst ab einem Alter von 21 Jahren erlaubt ist.

Visum

Ein Aufenthalt bis zu 90 Tagen ist für Reisende aus Deutschland, Österreich und der Schweiz ohne Visum möglich. Nötig sind ein maschinenlesbarer gültiger Reisepass und ein Rück- oder Weiterreiseticket. Immer benötigen Sie jedoch in jedem Fall die elektronische Reisegenehmigung (ESTA), welche man in der Regel binnen weniger Minuten, spätestens 72 h vor Reiseantritt, im Internet beantragen und abrufen kann unter www.esta-usa.de. Führen Sie eine Kopie der Genehmigung mit. Vor der Reise ist außerdem ein APIS-Formular von der Fluglinie auszufüllen (www.drv.de).

Zoll

Die aktuellen Zollbestimmungen für Ein- und Ausfuhr finden Sie unter www.zoll.de, www.bmf.at./zoll bzw. www.zoll.ch.

Falls Sie eine größere Shoppingtour planen, beachten Sie die Ausfuhrzollgrenze von 430 $ pro

Erwachsenen bzw. 175 $ pro Jugendlichem. Lassen Sie genug Platz in Ihrem Gepäck – die Outlets bieten enorm großes Sparpotenzial und werden Sie sicher zu einigen Schnäppchen verführen, die Sie dann auf der Heimreise unterbringen müssen.

Ticketreservierungen

Um Enttäuschungen zu vermeiden – besonders wenn man nur wenige Tage in der Stadt verbringt, sollten Sie Ihre Showtickets im Voraus reservieren. Besonders Tickets für begehrte Veranstaltungen wie die des Cirque du Soleil sind kurzfristig vor Ort fast immer ausverkauft. Reservierungen nehmen Sie im Reisebüro, telefonisch bei der Theaterkasse bzw. im jeweiligen Hotel der Veranstaltung, am einfachsten aber über das Internet vor. Erwähnenswert sind hier folgende Homepages:

www.ticketmaster.com, www.showtickets.com

UNBEDINGT MITNEHMEN

Kreditkarte – in den USA ist man ohne eine gängige Kreditkarte (Visa, MasterCard, American Express, Diners Club etc.) ziemlich verloren, vor allem im Hotel oder beim Autovermieter. Eine kostenfreie Kreditkarte mit weltweiter Gültigkeit wird von vielen Banken angeboten z. B. VISA von der DKB Bank AG. Diese lassen Sie sich diese ggf. auch mit einem erhöhten Limit „aufladen". Damit kann man nicht nur fast überall direkt zahlen, sondern auch an den meisten Geldautomaten (ATMs) gebührenfrei Bargeld abheben. Halten Sie Ihre persönliche Notfallrufnummer für den Fall des Kreditkartenverlustes immer griffbereit und melden Sie jeden Verlust bzw. Diebstahl sofort! Es empfiehlt sich, für den Notfall eine zweite Ersatz-Karte, ersatzweise Reiseschecks mitzuführen bzw. im Hotelsafe aufzubewahren.

Badebekleidung – die zahlreichen Dayclubs, Pools und Wellness-Spa-Landschaften bieten unendliche Möglichkeiten, sich eine erfrischende und erholsame Pause zwischen Sightseeing, Gambling und Shopping zu gönnen.

Sonnenschutz – die Sonne in Nevada ist ungleich stärker als in Europa. Packen Sie unbedingt Ihre

Sonnenbrille und Sonnencreme ein. Auch eine Kopf-bedeckung empfiehlt sich insbesondere in den Som-mermonaten und falls Sie die Erkundung der Wüs-tenumgebung planen.

Adapter für Elektrogeräte – in den USA gibt es Wechselstrom von 110/120 V – wegen der Dreiloch-steckdosen benötigen Sie daher einen Adapter für Ihre/n elektrischen Rasierer/Zahnbürste/Mobil-funkladegerät/Föhn etc. Diesen kann man am Flug-hafen oder vor Ort im Elektrofachgeschäft, günstiger jedoch vorab im Internet, erwerben.

Abend- und Partygarderobe – Tagsüber sieht man alle Outfit-Varianten, von Badehose mit Shorts und Flipflops bis zu Designerroben, Jeans und Lederjacke ist alles dabei und erlaubt. In den Casinos und geho-benen Restaurants gilt insbesondere am Abend je-doch formeller Dresscode: „No shoes, no shirts, no service." Jackett bzw. Dinnergarderobe werden dort meist vorausgesetzt. In Clubs und Shows empfiehlt sich ebenfalls schicke Kleidung. Für die kühleren Monate und die klimatisierten Räume empfiehlt sich immer zusätzlich eine leichte Jacke/Pullover.

Kopfschmerztabletten – sollte man vorsichtshal-ber immer griffbereit haben, falls Sie die

Partyhauptstadt einmal zu arg in Feierlaune ge-
bracht hat.

Gut zu wissen: Selbst kleinste Beträge werden in
den USA standardmäßig mit Kreditkarte gezahlt.
Hierbei fallen ggf. Gebühren von 1-2 % des Zahlbe-
trages an. Informieren Sie sich bei Ihrer Bank über
die entsprechenden Gebühren.

Bloß nicht: Zu viele und enge Pläne schmieden – die
Stadt wimmelt von Attraktionen und Sehenswürdig-
keiten. Man verliert leicht die Übersicht und den
Spaß, wenn man sich durch eine allzu vorgefertigte
Liste arbeitet. Genießen Sie die vielseitigen Eindrü-
cke und lassen Sie sich auch einfach mal treiben!

Spartipp: Frühbucherrabatte nutzen. November
und Februar sind preiswerte Reisemonate. Über-
nachtungen unter der Woche statt übers Wochenende buchen. Gebührenfreie Kreditkarte beantragen.

PIA WALLENSTEIN

Hinkommen, ankommen, herumkommen

FLÜGE UND TRANSFER

Einer Fata Morgana gleich, sieht man bereits am Flughafen McCarran International die Skyline der Wüstenmetropole verheißungsvoll in der Hitze flimmern.

Direktflüge ab Deutschland bieten derzeit die Condor und Eurowings ab 200 EUR pro Person Hin und Zurück an. Ab Zürich fliegt die Edelweiß Air ab ca. 740 EUR. British Airways fliegt über London nach Las Vegas. Andere Fluggesellschaften wie American,

Delta und United bieten gute Verbindungen mit Umstieg in den USA. Dann muss man in den Vereinigten Staaten zwischenlanden, das Gepäck abholen, durch den Zoll bringen und anschließend wieder neu einchecken. Zur Hauptsaison und an Feiertagen können die Flugpreise bis auf das Dreifache ansteigen. Die Flugdauer für einen Nonstop-Flug beträgt ca. 11 Stunden, die Zeitverschiebung -9 Stunden. Die Flugpreise an Wochenenden und zur Hauptsaison sind erheblich höher. Vergleichen Sie auf den gängigen Portalen wie www.fluege.de oder www.opodo.de.

Am Zielort erreichen Sie die Stadt bzw. Ihre Unterkunft auf verschiedenen Wegen.

Spezielle **Flughafen-Shuttlebusse** fahren regelmäßig für ca. 6 $ zum Herzen der Stadt, dem sogenannten Strip. Dort befindet sich der überwiegende Teil der bekanntesten und größten Hotels. Für ca. 8 $ gelangt man nach Downtown, in das alte Ursprungsviertel von Las Vegas.

Taxis bieten dieselbe Fahrt mit bis zu fünf Personen für 16-20 $ an. Achten Sie auf die Lizenzierung und darauf, dass der Fahrer nicht den 215 Airport Tunnel nimmt – diese Route ist länger und ca. 8-12 $ teurer!

Sehr viel preiswerter als mit dem Taxi, aber genauso individuell und flexibel fahren Sie mit **Uber**. Der neue mobile Transportdienst bietet Fahrten mit PKW, Limousine, Elektroauto oder E-Bike je nach Bedarf. Einfach die Uber App downloaden, Start und Zielort auswählen und die verfügbaren Transportmöglichkeiten werden angezeigt. Gezahlt wird mit z. B. mit Paypal oder ApplePay.

Wer das typische Vegas-Flair von Anfang an genießen möchte, kann sich mittels superlanger Stretch-Limousine chauffieren lassen. **Bell Trans Limo-Service** (www.airportshuttlelasvegas.com) bringt Sie mondän zu Ihrer Unterkunft. Zwar teilen Sie sich diesen Service mit anderen Passagieren und stoppen an verschiedenen Hotels. Dafür gewinnen Sie dabei direkt die ersten Eindrücke der vielseitigen Hotellandschaft und mit rund 17 $ pro Kopf für Hin- und Rückfahrt zum jeweiligen Hotel ist die Tour zudem recht preiswert.

Einige Hotels holen Ihre Gäste auch in eigenen Shuttle-Bussen ab.

Außerdem stehen **Linienbusse** ab 3 $ zur Verfügung. Vom Ground Level Zero aus, starten rund um die Uhr die Linien 108 zum Strip und 109 nach

Downtown.

Natürlich finden Sie auch zahlreiche **Mietwagen**stände vor. Allerdings empfiehlt sich dies nur, wenn Sie neben Ihrem Besuch in Vegas eine längere Tour in weitere amerikanische Länder oder eine Rundreise geplant haben.

DIE STADT ERKUNDEN

Was die Fortbewegung in der Stadt angeht, ist Las Vegas nicht typisch amerikanisch. Denn hier sind so gut wie alle zentralen Highlights der Stadt bequem zu Fuß erreichbar. Ein Auto bzw. Mietwagen ist nicht zwingend notwendig. Beim Kampf durch das örtliche Verkehrschaos läuft man sonst Gefahr, viele der zahlreichen an jeder Straßenecke gelegenen Attraktionen zu verpassen und unnötig Stress aufzubauen.

Wenn Sie sich doch fürs Selbstfahren entscheiden: Buchen Sie Ihren **Mietwagen** am besten schon von Zuhause aus. Wählen Sie unbedingt einen Wagen mit Klimaanlage! Und gewähren Sie an Kreuzungen mit „4-Way-Stop" lieber dem anderen die Vorfahrt, wenn Sie nicht genau wissen, wer zuerst da war. Parken ist bei fast allen Hotels kostenlos möglich. Und die gute Nachricht: Es herrscht wie in Deutschland Rechtsverkehr. Sie müssen sich also dahingehend nicht umstellen.

Entspannter und preisgünstig fahren Sie mit den öffentlichen Verkehrsmitteln. Die lokalen **Busse** der RTC Transit verkehren täglich früh morgens bis spät am Abend im Takt von 10-15 Minuten in alle Richtungen. Der wichtigste Bus ist der DEUCE, der den gesamten Strip abfährt und dabei an jedem großen Hotel einen Stopp einlegt. Eine Fahrt vom Nord- zum Südende dauert ca. 30 Minuten. Alternativ bringt sie die Linie SDX danach auch gleich weiter auf den Weg nach Downtown. Ein 2-Stunden-Pass für den Bus kostet 6 $ pro Kopf, ein 24h-Pass 8 $.

Wer es ausgefallener mag, kann auch eine Stadtbesichtigung mit Elvis im Pink Cadillac buchen. Auch die bekannten **Hop on-Hop off-Bustouren** werden angeboten, u. a. von www.bigbustours.de oder www.onboardtours.de. In offenen Doppeldeckerbussen erkunden Sie bequem alle Sehenswürdigkeiten in kurzer Zeit. Kaufen Sie die Tickets vorab online, sparen Sie dabei noch ordentlich Geld.

Weniger zu empfehlen ist die Monorail – eine Einspurbahn, welche vom Osten parallel zum Strip bis zum MGM Grand südlich verläuft. Sie ist mit 5 $ pro Fahrt nicht nur teurer, auch ist man mit den Bussen besonders am Strip fast immer schneller und direkter unterwegs.

Die **Taxipreise** in Las Vegas hängen nicht nur von der zu fahrenden Strecke und der Fahrdauer ab, sondern auch von der Uhrzeit und den Start- und Zielpunkten. Beispielsweise gibt es Zuschläge für Nachtfahrten und die Strecke vom bzw. zum Flughafen. Unter www.taxi-rechner.de können Sie Ihre Kosten berechnen. Taxifahrer erhoffen sich zudem mind. 15 % Trinkgeld.

Als preiswerte und individuellere Alternative bietet sich auch für die innerstädtischen Fahrten **U-BER** an. Die App bietet Ihnen nicht nur die Möglichkeit, günstig und schnell durch die Stadt chauffiert zu werden. Sie können zudem auch das gewünschte Fahrzeug – vom Mittelklasse PKW bis zur Limousine oder einem SUV – auswählen. Die App ist einfach zu bedienen – laden Sie sich die Anwendung schon zuhause herunter und melden Sie sich an, auf der Homepage wird auch alles noch einmal ausführlich erklärt.

Grundsätzlich empfiehlt es sich, sofern Wetter und

Ihre körperliche Konstitution es zulassen, die Unterhaltungsmetropole **fußläufig** zu erkunden. Achtung: die Fußwege auf dem Strip führen meist durch Hotels und die Casinos – die Luftlinienentfernungen können somit stark von den tatsächlichen Laufentfernungen abweichen. Langweilig wird es dabei aber nie, da jedes Hotel und Casino seine eigenen Besonderheiten und Blickfänge zu bieten hat. Halten Sie die Augen immer offen – bei der Vielzahl der Eindrücke wird das zu keiner Zeit schwerfallen!

Gut zu wissen: Der Alkoholkonsum in der Öffentlichkeit ist grundsätzlich nur im Bereich der Casinos am Strip bzw. der Fremont Street ab 21 Jahren erlaubt. Rauchen ist in den meisten öffentlichen Gebäuden und Plätzen untersagt – die großzügigsten Raucheroasen sind die Casinos. Bei Fotos mit Straßenkünstlern gibt man in der Regel 1-2 $ Trinkgeld.

Bloß nicht: Nachts allein außerhalb der Touristenmeilen zu Fuß die Straßen entlang oder in dunkle Wohngegenden und Parks gehen. Die gefährlichsten Gegenden sind die D Street, North 28th Street und Balzar Avenue. Nicht in volle Busse nur mit Stehplätzen steigen – Taschendieb-Alarm! In Notfällen wählen Sie immer die 911!

Spartipp: Mit dem Drei-, 15- oder 30-Tage Pass kann man in dieser Zeit unbegrenzt mit allen über 50 Buslinien des lokalen öffentlichen Busunternehmens RTC durch die ganze Stadt touren. Einige Hotels bieten kostenfreie Fahrten zu den wichtigsten Sehenswürdigkeiten an.

Orientierung und Sehenswürdigkeiten

THE STRIP

Der rund 7 km lange Abschnitt des Las Vegas Boulevard liegt genau genommen bereits außerhalb der Stadtgrenze. Er erstreckt sich vom Mandala Bay im Süden bis zum Stratosphere Tower im Norden.

Alle großen Themenhotels, die bekanntesten Casinos, zahlreiche Shops und Bars sowie das berühmte Las Vegas Sign finden sich in diesem Bereich der Stadt. Alle wichtigen Sehenswürdigkeiten lassen sich von dort aus zentral erkunden. Auch ist dies der einzige Bereich der Stadt, wo Alkoholkonsum in der Öffentlichkeit toleriert wird.

DOWNTOWN / FREEMONT STREET

Downtown Rangers, kommen Sie am Abend kurz vor der vollen Stunde zur Freemont Street Experience, um die atemberaubende Licht- und Tonshow zu sehen.

UMGEBUNG

Drei Autostunden von Las Vegas entfernt, erwartet Sie ein Erlebnis der außergewöhnlichen Art. Der legendäre Ort Rachel am Highway 375 – dem „Extraterrestrial Highway", so lautet seit 1996 der offizielle Name der Straße. Die Autobahn von E.T. führt entlang der berüchtigten Militärbasis Area 51, wo UFO-Fanatiker seit Jahrzehnten gestrandete bzw. gefangen gehaltene Außerirdische vermuten. So wurde dieser einzige Ort an der 160 km langen Straße zum Mekka der Ufo-Nauten. Das dort befindliche Motel Little A´LeÍnn ist als internationaler Treffpunkt mit Berichten, Fotos und Souvenirs von UFO-Sichtungen ausgestattet. Gönnen Sie sich unbedingt den Alien-Burger mit einer Tüte Chips und einem Selfie vor dem Straßenschild „ET-Highway".

Bloß nicht: Ohne Wasser, Verpflegung und Sonnenschutz unvorbereitet in die Wüste wandern gehen.

Spirit of the City

WUNDERLAND AUS DER WÜSTE

L as Vegas ist eine der jüngsten Städte in Nord-amerika. Sie entstand als Siedlung mitten in der Wüste im 19. Jahrhundert und wurde aufgrund ihrer Wasserquellen zu einem wichtigen Zwischenhaltepunkt für Wagentrecks und die Eisen-bahn auf ihrem Weg zwischen Kalifornien westlich und New Mexico im Osten. Eine erste Siedlung wurde durch die Mormonen errichtet. Später wurde das Land mehrmals übereignet. Der Eisenbahnbau und der Fund von Gold im Jahr 1905 ließen zahlrei-che Spekulanten in die Gegend strömen. Über Nacht wurde 1911 mit 1500 Einwohnern aus der Siedlung offiziell eine Stadt. Doch die Lebensbedingungen

waren hart. Es gab keine Kanalisation und ein ausge-
dehntes Rotlichtviertel mit Prostitution und Glücksspiel. Zur Hebung der Steuereinnahmen legalisierte
das Parlament von Nevada 1931 das Glücksspiel. Im
gleichen Jahr begann auch der Bau des legendären
Hoover Dam und bescherte der Gegend mehr als
5000 Arbeitsplätze. Der 1937 fertiggestellte Damm
sicherte erstmals eine zuverlässige Warmwasser-
und Stromversorgung. In dieser Zeit baute man in
Las Vegas Downtown und im Süden des Las Vegas
Boulevard viele neue Casinos. Die heutige Fremont
Street gilt daher als die Geburtsstätte des Las Vegas,
wie wir es heute kennen.

Wenige Jahre später erkannte die amerikanische Mafia – der sogenannte „Mob" - das Potenzial
der Glücksspielindustrie. Mit der Ankunft des New
Yorker Mafiabosses Bugsy Siegel 1946 kontrollierte
dieser die Stadt. Die Errichtung des berühmten „Flamingo Hotel" ist sein „Verdienst". Damit verlor die
Stadt endgültig ihren Ruf als Vorposten in der Wild-
nis und verwandelte sich in rasendem Tempo in eine
moderne neonglitzernde Großstadt. Die Machtver-
hältnisse wendeten sich in den 1960er Jahren, als
die Regierung von Nevada neue Gesetze erließ. Doch

erst die gewaltigen Investitionen des exzentrischen Milliardärs Howard Hughes und das Engagement bedeutender Hotel- und Entertainmentkonzerne brachten die Mafia letztendlich zu Fall.

Bis 1960 war die Stadtbevölkerung auf 65000 gestiegen. Klimaanlagen, der einsetzende internationale Tourismus und der neue Interstate Highway ließen Las Vegas zu einer der führenden Reiseziele für Filmstars, Reiche und Schöne aufsteigen. Straffe Bargeldkontrollen in den Casinos sorgten zusätzlich dafür, dass die Metropole ein familientauglicher Urlaubsplatz wurde.

Der Neubau in der Stadt wurde durch das Gesetz nur wenig reglementiert. Die Eröffnung des MGM Grand (heute: Bally´s) läutete 1973 die Ära der Riesenresorts ein. Das Hotel galt mit 2100 Zimmern zu dieser Zeit als das größte Hotel der Welt. Nach einigen Tiefschlägen, welche die Stadt durch Unwetterzerstörungen und Konkurrenz von der Ostküste einstecken musste, wurden schließlich weitere Themenhotels der Superlative errichtet. Es entstanden das elegante Mirage, Excalibur, Luxor und Treasure Island, wenig später das Bellagio und das Venetian, die heute zu den luxuriösesten Hotels der Welt zählen. Der berühmte „STRIP" war geboren. Neuere Hotelbauten sind u. a. das Palazzo, das Encore, The Cosmopolitan, The Linq und The Cromwell.

Trotz des schwindelerregenden Aufstiegs gilt heute wie damals: Las Vegas bleibt sich immer treu – nur die Menschen und die Hotels verändern sich.

RESIDENTS AND HABITS – TYPISCH VEGAS

Mehr als 600.000 Residents (Einheimische) leben heute in Las Vegas Stadt. Im Großraum sind es fast 2 Millionen. Nicht nur immer mehr junge Familien siedeln auf der Suche nach Jobs hierher. Auch die amerikanischen Rentner entdecken das Las Vegas Valley als ganzjährig warmen Altersruhesitz.

Mehr als die Hälfte aller Bewohner sind direkt oder indirekt in der Tourismusbranche beschäftigt. Typisch für die Einheimischen ist daher immer ihre besondere Höflichkeit. Die Dienstleistungsmentalität ist ihnen sozusagen in die Wiege gelegt.

Den typischen Einwohner gibt es jedoch nicht. Die Stadt ist Anziehungspunkte für verschiedenste Charaktere. Vom Künstler, der es zu etwas bringen möchte über den arbeitslosen Kellner, der einen Neustart versucht. Viele Amerikaner erhoffen sich von einem Umzug in die Stadt des Ruhmes den Aufbruch in ein besseres Leben. Da der Hauptanteil der Arbeitsplätze im Hotel-, Casino- und Touristengewerbe zu finden ist, wird es schwer für alle, die es nicht schaffen, dauerhaft in der Branche Fuß zu fassen. Auch die Nachfrage nach bestimmten künstlerischen Talenten ist wankelmütig. Daher unterliegt die Bevölkerung einem stetigen Wandel, einem Kommen und Gehen.

Zu den berühmtesten Einwohnern zählen unter anderem Celine Dion, Steffi Graf, Siegfried und Roy, Britney Spears und Tina Turner.

Unter den mehr als 40 Millionen Besuchern jährlich befinden sich nicht nur internationale Touristen.

> **Bloß nicht:** Sich mit der örtlichen Polizei anlegen – die Polizisten in Nevada verstehen keinen Spaß!

Hotels

THEMENHOTELS

Die international bekanntesten und größten Hotels mit ihren Casinos markieren den sogenannten Strip, den Inbegriff von Las Vegas.

Die Hotelpreise sind nicht fix, sondern variieren stark je nach Angebot und Nachfrage. In der Nebensaison unter der Woche und bei frühzeitiger Buchung ist ein komfortables Drei- bis Vier-Sterne-Doppelzimmer bereits ab 100 $ zu haben. Beachten Sie, dass die Qualität der Zimmerausstattung in Vegas deutlich über dem amerikanischen Durchschnitt liegt. Ein einfaches Doppelzimmer im Zentrum lässt sich so auch schon für 50 $ ergattern. An besonderen

Feiertagen, Wochenenden und zur Messezeit kann der Preis schon einmal um das 2-3-fache höher liegen. Natürlich kann man auch in Vegas bis zu mehreren Hundert- bis tausend Euro für Luxussuiten ausgeben. Wenn Sie das Besondere suchen, werden Sie hier in jedem Fall fündig. Alle Spitzenhotels bieten eigene thematische Superior- und Honeymoon-Suiten mit diversen Sonderausstattungen.

Einige der imposantesten Häuser seien hier (von Süd nach Nord) näher vorgestellt – Die Preiskategorie finden Sie in Klammern hinter dem jeweiligen Hotelnamen ($ 50-100 Dollar, $$ 100-200 Dollar, $$$ ab 200 Dollar aufwärts):

Mandala Bay/Four Seasons Hotel ($$) – Dieses in südostasiatischem Fantasystil gehaltene Haus setzt vorwiegend auf Entspannung, gutes Essen und qualitatives Entertainment. Zu den Attraktionen zählen das Shark Reef (Hai) Aquarium samt gläsernem Unterwassertunnel, eine tolle Cirque de Soleil Michael Jackson Show sowie eine Bar ganz aus Eis.

Luxor ($) – In Form einer ägyptischen Pyramide bietet dieses Hotel nicht nur optisch einen absoluten Blickfang. Vor dem 30 Etagen hohen Gebäude befindet sich ein riesiger Sphinx, im Inneren eine

Nachbildung des Großen Tempels von Ramses.

Excalibur ($) – In einer mittelalterlichen Burg nächtigen Sie hier in einem der ältesten Themenhotels, das besonders bei Kindern beliebt ist. Die Legende um König Arthur prägt die Gestaltung der Räumlichkeiten.

MGM Grand ($$$) – Hotel trifft Hollywood. Neben zehn Top-Restaurants finden hier u. a. die Shows des berühmten Magiers David Copperfield statt. Inspiriert wird die gesamte Anlage von den Stars und Sternchen der amerikanischen Film- und Showelite.

Planet Hollywood ($$) – Dieses ultramoderne Resort ist ganz auf Filmfans zugeschnitten. Das Haus verfügt über 2600 Zimmer, zwei Pools und ein großes Theater, außerdem genießt man dort die besten Burger der Stadt.

The Cosmopolitan ($$) – eines der neuesten Hotels am Strip mit knapp 3000 stylischen Zimmern, die untypisch für Las Vegas überwiegend über zu öffnende Fenster und Balkone verfügen. Besonders bei den Damen ist das durchgestylte Ambiente sehr beliebt.

Paris ($$) – In Form eines Heißluftballons besticht dieses Haus mit typisch französischem Flair.

Genießen Sie den Blick von der Aussichtsetage der beeindruckenden Kopie des Eiffelturms!

Bellagio ($$$) – Dieses Nobelhotel besticht mit gehobenem Stil und dezentem Luxus. Es gilt als eines der besten Hotels der USA. Der Verzicht auf Gimmicks und Events kann angenehm sein und die Zimmer lassen absolut nichts zu wünschen übrig. Erstklassig sind auch die Restaurants, das Casino und die Cirque de Soleil Shows im Haus. Bekannt sind die famosen Bellagio Fountains vor dem Hotel – ein gigantisches Wasserspiel, das besonders im Dunkeln mit seinen Lichteffekten wundervoll zur Geltung kommt.

Bally´s ($$) – Das ehemalige MGM Grand ist heute vor allem für seine mitreißende Revue Don Ardens Jubilee Show bekannt – eine der am längsten laufenden Produktionen der Stadt.

Caesars Palace ($$) – 24 h am Tag kann man hier durch römisches Ambiente wandeln und einkaufen. Bekannt geworden ist dieses Hotel hauptsächlich durch den Film „Hangover", der dort spielt. In den über 160 Läden, den „Forum Shops" spielt weder Wetter noch Tageszeit eine Rolle. Die Kuppeldecke, welche sich über die gesamte Flaniermeile erstreckt, simuliert einen sich ständig verändernden Himmel: morgens scheint die Sonne, nachmittags ziehen leichte Wolken vorbei und abends funkeln romantisch die Sterne.

Flamingo ($) – Das älteste Hotel der Stadt wird wegen seiner von pinken Neonröhren dominierten Fassade auch The Pink Hotel genannt. Mafioso Boss Bugsy Siegel ließ es um 1946 errichten und wurde kurz nach der Eröffnung erschossen. Noch heute zehrt das Haus gern vom berüchtigten Ruf des Gangsters. Im integrierten Flamingo Wildlife Habitat erwarten Sie echte Flamingos.

The Mirage ($$) – Im Zuhause des berühmten Zauberer-Duos Siegfried und Roy tummeln sich in tropischem Ambiente die weißen Tiger und zahlreiche weitere Tiere. Neben dem exotischen Secret Garden finden Sie dort außerdem ein beeindruckendes Delfinbecken.

The Venetian ($$$) – Der preisgekrönte Nachbau von Venedig bietet mit Gondelkanälen vor der Kulisse des Markusplatzes unter künstlichem Himmel das echte Italien-Flair. Unzählige Shops, drei Theater und mehr als 30 hervorragende Restaurants finden sich im gesamten Komplex. Zum Übernachten werden ausschließlich Suiten angeboten.

Treasure Island ($$) – In der Mitte des Strip gelegen, ist dieses Hotel idealer Ausgangspunkt für eine Stadterkundung. Mit mehreren gehobenen Restaurants und luxuriösen, geräumigen Zimmern sowie einer großartigen Poolanlage punktet dieses Haus. Leider wurden vor einigen Jahren die spektakulären Piratenshows eingestellt, die man bis 2013 kostenlos auch vom Boulevard aus beobachten konnte.

Wynn und **Encore ($$$)** – die Schwesternhotels zählen nicht nur in Las Vegas zu den exklusivsten, sondern auch weltweit zu den luxuriösesten Häusern. Vom Ferrari-Maserati-Indoor-Showroom über extravagante Villen, künstlichen Bergen und einem eigenen See wird alles geboten. Auch gastronomisch erwartet Sie ausschließlich Spitzenqualität.

New York New York ($$) – Der gleichnamigen Metropole nachempfunden können Sie hier eine Miniaturausgabe des Empire State Buildings, der Freiheitsstatue und der Brooklyn Bridge bewundern. Der Apple Coaster, eine rasante Achterbahn, welche sich um den Hotelkomplex schlingt, katapultiert Sie mit bis zu 107 km/h einmal um die gesamte Anlage. Livemusik, Theater und ein künstlicher Central Park im Inneren bieten Tag und Nacht vor den Fassaden des Big Apple unbegrenzte Unterhaltung.

Circus Circus ($) – Der Komplex beherbergt den weltweit größten Zirkus mit festem Standort und einem Freizeitpark.

Stratosphere Tower Hotel ($$) – nicht nur Action und ein drehendes Restaurant erwarten Sie im höchsten Gebäude der Stadt, auch Übernachtungen sind dort möglich.

ALTERNATIVE UNTERKÜNFTE

Das Golden Gate in Downtown auf der Fremont Street bietet eine Zeitreise der ganz anderen Art. Das zweistöckige Ursprungshaus stammt tatsächlich noch aus der Gründungszeit der Stadt und trotzt seit 1906 den ringsherum in den Himmel wachsenden Mega-Casino-Hotels. Mit nur 106 Zimmern bietet das renovierte Hotel eine familiäre Atmosphäre und günstigere Preise als die Häuser in der gut 10 Minuten entfernten Innenstadt. Wer sich auf eine der roten Kunstlederbänke im Restaurant setzt, bekommt für nur 2 $ den offiziell besten Krabbencocktail der Stadt seit 1950.

Für echte Sparfüchse gibt es natürlich auch diverse Hostels außerhalb des Zentrums. Diese sind jedoch u. U. nur unwesentlich günstiger als die billigsten Einzelzimmer am Strip. Vergleichen Sie genau und wägen Sie Preis-Leistungs-Verhältnis ab. Meist lohnt sich eine geringe Mehrinvestition, um den Komfort eines eigenen gut ausgestatteten Zimmers zu genießen.

Gut zu wissen: In fast allen großen Hotels zahlt man die sogenannten Resort Fee zusätzlich zum angegebenen Zimmerpreis für diverse Extras wie WLAN, Tageszeitung, Fitnessstudiozugang etc. – auch wenn man von diesen Zusatzangeboten keinen Gebrauch macht. Die Fee beträgt je nach Hotel 10-40 $ pro Zimmer und Nacht. Einige Hotels bieten Zimmer ohne Resort Fee an. Eine Übersicht findet ihr auf www.urlaubsguru.de

Bloß nicht: Beim Check-in sagen, dass man nicht spielen möchte – sonst bezahlt man einen Aufschlag von bis zu 50 $.

Spartipp: Legen Sie beim Check-in diskret einen 20 $ Schein in Ihren Reisepass und bitten Sie um ein Upgrade. In der Regel bekommen Sie für die Dauer Ihres Aufenthaltes dafür die nächst höhere Zimmerkategorie!

Attraktionen

Stratosphere Tower

Der größte freistehende Turm mit Observationsdeck in den USA ist auf jeden Fall einen Besuch wert. Für 30 $ Eintritt oder mit dem Las Vegas Explorer Pass kostenfrei gelangt man auf den Turm. Wer frühzeitig reserviert, kann auch einen der begehrten Plätze im Turmrestaurant erhaschen und so bei gleicher Aussicht das Geld besser in einen leckeren Drink investieren. Für die Mutigen unter Ihnen werden auch Skyjump-Sprünge vom Freideck auf der Spitze des Turms angeboten (ab 130 $). Auch eine Fahrt mit dem Skypod, einer frei

schwebenden Variante des „Breakdance" ist möglich. Oder lieber mit dem Big Shot, bei dem man erst
in die Höhe katapultiert wird, danach für Sekunden
scheinbar in der Luft hängt und das Gefühl hat zu
schweben, bevor es rasend schnell wieder nach un-
ten geht. Alle Infos unter www.thestrat.com/attrac-
tions.

Las Vegas Sign

Ein Foto vor dem berühmten Schild „Welcome to
Faboulous Las Vegas" ist ein Muss für jeden Touristen. Sie finden es am südlichen Ende des Strip, ca. 10
Gehminuten vom Luxor Hotel. Am besten suchen Sie
es früh morgens auf, da herrscht der wenigste Andrang. Achtung vor Abzocke: falsche Fotografen ver-
langen für einen Schnappschuss Geld – lassen Sie
sich nicht darauf ein und machen Sie selbst Ihre Auf-
nahmen oder bitten Sie andere Touristen um (kostenlose) Hilfe.

SpeedVegas – Sein Traumauto fahren ohne Tempolimit

Liebhaber schneller Rennwagen kommen auf der
SPEEDVEGAS Rennstrecke über 2,5 km auf Ihre Kosten. Auf dem Las Vegas Boulevard, nur zehn Minuten
südlich des berühmten Las Vegas Sign, können Sie

den Motor Ihres Porsche, Lamborghini oder Ferrari auf Höchsttouren bringen und Ihr Fahrtalent in zwölf herausfordernden Kurven unter Beweis stellen. Für Zuschauer stehen Cafés und eine Aussichtsplattform zur Verfügung.

Helikopterrundflug
Nicht ganz günstig, aber absolut empfehlenswert ist ein Flug mit dem Helikopter über das nächtliche Lichtermeer der Glitzermetropole. In vielen Sightseeing Pässen lässt sich dieses Event inkludieren. Genießen Sie eine absolut atemberaubende Aussicht über die „City of Lights" – es empfiehlt sich eine Reservierung vorab.

Essen und Trinken

BUFFETS

Viele Las Vegas Besucher lieben die üppigen All-you-can-eat-Buffets. Diese werden von fast allen größeren Hotels zu verschiedenen Tageszeiten angeboten. Es gibt Buffets in Top-Qualität, wo dann allerdings besonders zur Hochsaison reger Andrang herrscht. Buffets in durchschnittlicher Qualität oder spezielle Themenbuffets können im Preis-Leistungs-Niveau oft mithalten. Auch Tages- oder Mehrtagespässe für diverse Buffets werden in Hotels, Casinos, Touristenbüros und auf der Straße angeboten. Bewertungen finden Sie am besten unter www.yelp.de (Best Las Vegas Buffets). Je nach Kategorie und Tageszeit liegen die Preise zwischen ca. 20 \$-40 \$ für Brunch und 30 \$-50 \$ für Dinner. Mit dem Buffet of Buffets Pass erhält man 24 h lang Zugang zu den Buffets von Planet Hollywood, Paris, Flamingo, Rio, Harrah's und Bally's, gegen Aufpreis auch zum Caesars Palace. Es zählt die Eintrittszeit – maximal könnte man also damit Dinner, Frühstück, Mittagessen und ein zweites Dinner betreten. Den Pass erhalten Sie für aktuell 60 \$ unter der Woche und 75 \$ am Wochenende.

Hier seien einige der empfehlenswertesten Buffets aufgeführt:

Bacchanal Buffet im Caesars Palace – die Auswahl von über 500 Speisen sucht ihresgleichen, ein mehrfach ausgezeichnetes Abendbuffet von Mini-Burgern über Prime Rib bis hin zu vegetarischen Köstlichkeiten und allerlei Süßspeisen wird wirklich für jeden Geschmack etwas geboten.

The Buffet at the Bellagio Hotel – Gourmets können hier Fr/Sa beim Gourmet Dinner sowie am Wochenende beim Brunch mit Kaviar, Champagner, Austern, Hummer und anderen Delikatessen ihren Gaumen erfreuen.

Paradise Garden Buffet im Hotel Flamingo – Schlemmen wie im Paradies in einem exotischen

Garten mit fließendem Bächlein, Blumen und echten Flamingos

Le Village Buffet im Hotel Paris – Besonders das Frühstücksbuffet ist hier zu empfehlen, wenn man als Europäer ein „vollwertiges" Frühstück sucht – Omeletts, Käse aus aller Welt, Aufschnitt, warmer Apfelkuchen und Crêpes in malerischer französischer Kulisse lassen keine Wünsche offen.

Golden Nugget Buffet im Hotel Golden Nugget – wer in Downtown ein umfangreiches Buffet im Ambiente des „alten" Las Vegas sucht, ist mit der Auswahl dort gut beraten.

RESTAURANTS UND CAFÉS

Essen und Trinken kann man in Las Vegas von preiswert (unter 10 $ pro Hauptgericht ohne Trinkgeld und Getränk) bis mondän (40 $ und mehr).

In den Top Lokalen von Las Vegas ist oft eine Reservierung sinnvoll. Ansonsten macht man es wie amerikanische Besucher und wartet bei einem Drink an der Bar (den man auch mit an den Tisch nehmen kann) auf einen freien Tisch. Es gilt meistens: Please wait to be seated. Der Kellner weist Ihnen beim

Eintreten einen Tisch zu. Wünsche können dabei natürlich geäußert werden.

In den gehobeneren Restaurants sowie am Abend wird in der Regel förmliches Auftreten vorausgesetzt. Das heißt Sie tragen Jackett bzw. Abendgarderobe – auf keinen Fall Badehosen oder Badeschuhe!

Eine geführte Gourmettour bietet The Walking Gourmet in drei verschiedenen Varianten von 3-4 h an – Durch Mandala Bay, Palazzo und Venetian oder Caesars Palace mit Proben der Koch- und Cocktail-Kunst (www.thewalkinggourmet.com).

Restaurants

Einige der nennenswerten Restaurants der gehobenen Küche sind:

Top of the World im Stratosphere Tower – im wahrsten Sinne des Wortes das „Top"-Restaurant in Las Vegas. In 257 m Höhe dreht man sich hier binnen einer Stunde einmal um die eigene Achse und genießt einen atemberaubenden Blick über die Stadt und den Strip bis hin zu den Bergen am Horizont. Besonders zu empfehlen ist dieser Ausblick am Abend bzw. bei Nacht. Eine Reservierung ist hier auf jeden Fall notwendig. Auch ein Erinnerungsfoto vor der fantastischen Kulisse gehört zum Service. Wundern Sie sich nicht, wenn ab und zu Leute vor dem Fenster herunterfallen – über dem Restaurant werden auch Bungeesprünge angeboten!

Aureole im Mandala Bay – allein schon wegen des „Wine Towers" sehenswert. Die Speisekarte bietet kreative Küche von Charlie Palmer mit Show-Effekten.

Guy Savoy im Caesars Palace – elegantes Sternelokal mit französischem Touch, dazu gehören die Bubble Bar mit eigener kleiner Speisekarte und eine Cognac Lounge.

TAO im Venetian – ungewöhnliche Mischung aus Asian Bistro und Nightclub mit Terrasse und Blick auf den Strip

Typisch amerikanisch und zu erschwinglichen Preisen isst man im **Gordon Ramsa** Pub & Grill, Klassiker des bekannten TV-Kochs werden dort geboten, außerdem eine große Bar mit über 40 Biersorten aus aller Welt. Auch im Hash House a go go im Plaza Hotel finden Freunde der US-Küche Ihre Erfüllung, dabei wird dort Wert auf Bio-, lokale und frische saisonale Ware gelegt.

Für Vegetarier bietet sich ein Besuch im Veggie

Delight des Hotel Wynn an. Der Name ist Programm, dazu ist das Lokal recht preiswert. Wer dort isst, hat auch gleich das nicht allzu große Chinatown gesehen. Nahe der Premium Outlets finden Sie außerdem das Pura Vida Bakery & Bystro, wo ebenfalls frische vegetarische und vegane Gerichte aus regionalen Produkten geboten werden.

Die günstigsten Restaurants in Las Vegas finden Sie meist abseits vom Strip bzw. in Downtown.

Außerdem bietet das Las Vegas Meal Ticket für 1, 2 oder 3 Tage eine Art Food-Pauschale. Man zahlt pro Tag ca. 55 $ und kann dann damit in ausgewählten Hotels und Restaurants Frühstück, Mittag und Abendessen genießen.

Viele weitere Tipps und Informationen zu einzelnen Restaurants in allen Preisklassen und Variationen finden Sie unter www.tripadvisor.de.

Cafés

Die Kaffee-Kultur ist in der Stadt nicht besonders verbreitet. Es gibt nur wenige Straßencafés. Wer dennoch am Nachmittag eine kleine Pause vom Trubel sucht, ist gut bedient mit einer üppigen Kuchenauswahl im **Palio Café** des Bellagio Resort. Café-Ketten finden sich unter anderem im Paris mit The Roasted Bean oder im Payard Caesars Palace.

Gut zu wissen: Mit der Rechnung gibt man generell ein Trinkgeld von 10-20 %. Das Trinkgeld ist nicht einkalkuliert und das Restaurantpersonal lebt quasi davon, daher wird ein geringeres Trinkgeld sonst schon auch einmal mit befremdlichen Blicken gestraft.

Bloß nicht: Teure Gerichte am Wochenende bestellen. Besser unter der Woche, wenn viele Restaurants niedrigere Preise oder eine Happy Hour anbieten.

Spartipp: Für einen schnellen und preiswerten Snack zwischendurch gehen Sie am besten in die lokalen Supermärkte zu Walmart oder Vons. Jede Bar in Las Vegas toleriert außerdem mitgebrachte Getränke! Gutscheine in Zeitschriften, Casinos oder Hotelrezeptionen bieten oft Aktionen 2 für 1 oder größere Rabatte.

Feiern und Clubbing

Unzählige Clubs und Bars buhlen in Las Vegas Tür an Tür um ihre Gäste. Die imposantesten und ausgefallensten darunter findet man – wo sonst – in den Themenhotels am Strip. Besonders beliebt sind hier die Rooftop-Bars, die in den oberen Etagen der Edelkomplexe mit überwältigenden Ausblicken über die Stadt und außergewöhnlichen Getränkekreationen punkten. Feiern kann man in der Stadt quasi 24 Stunden lang. Während tagsüber besonders an heißen Tagen eher das entspannte Relaxen am Pool im Vordergrund steht, tobt spätestens kurz vor Mitternacht in den angesagten Nachtclubs das unbegrenzte Partyleben.

DAYCLUBS AND NIGHTCLUBS

Nicht nur nachts tobt in Las Vegas das Clubleben. Auch wenn bei einem Kurzbesuch oft wenig Zeit zum Ausruhen bleibt – einen der unzähligen Hotelpools sollte man sich für eine angenehme Erfrischungspause nicht entgehen lassen. Zwar ist der Eintritt eigentlich nur für Gäste des jeweiligen Hotels gestattet, jedoch kann man den Securities einfach versichern, dass man im Pool-Bereich eine Runde Blackjack spielen will, und schon ist man mitten drin im nassen Vergnügen!

BARS

Eine willkommene Abkühlung in den heißen Monaten bietet die **minus 5 Ice Bar**. Alles dort ist tiefgefroren – Tische, Stühle und ausgefallene Deko und Kunst, alles aus Eis! Die Drinks on the Rocks schmecken wunderbar. Passende Mäntel, Mütze und

Handschuhe gibt es am Eingang. Im Mandala Bay, Venetian und auf der Linq Promenade ab 24 $ Eintritt zzgl. Getränke.

Eine der bekanntesten und besten **Rooftop-Bars** ist die **Ghost Bar** des Palms Hotels. Etwas abseits der Hauptpromenade bietet sich dort bei entspannten Drinks eine atemberaubende Aussicht über den gesamten Strip.

A little Gambling –
Die Casinos

Wenn man zum ersten Mal in Las Vegas ist und keine Ahnung von Poker, Blackjack und Co. hat, ist das kein Problem. Viele Casinos bieten Anfängern ein bis zwei Mal täglich kostenfreie Einführungen, sogenannte Gaming Lessons, an. Zu empfehlen sind diese im Casino des legendären Golden Nugget Hotel in Downtown auf der Fremont Street. Weitere Gaming Lessons finden Sie unter lasvegashowto.com/lasvegas-gaming-lessons.

Glücksspiele im Überblick:

Black Jack – hierzulande besser bekannt als 17+4

Bingo – besonders bei der älteren Generation beliebtes Lotteriespiel

Craps/Seven Eleven – Würfelspiel, bei dem man den Wert von 7 oder 11 erreichen muss

Baccara – Kartenspiel, bei dem man Karten zieht, umnahe an die Zahl 9 heranzukommen

Poker – traditionelles Poker wurde in den Casinos größtenteils durch das Seven Card Stud und die Variante **Texas Hold´em** verdrängt

Roulette – Einsätze in Chips oder Bargeld möglich, 1-35-facher Einsatz als Gewinn

Sportwetten – auf Pferderennen usw. vor riesigen Bildschirmen sitzend, wettet man auf das Ergebnis.

Interaktive (Video)Spiele und Automaten – ab wenigen Cent spielt man hier um mehrfache Einsätze, die Automaten haben die Einarmigen Banditen überwiegend ersetzt.

Vergessen Sie nie: Glücksspiel ist in erster Linie ein Geschäft. Das Haus gewinnt immer! Betrachten Sie es als nette Abendunterhaltung – nicht als Weg zu Reichtum. Setzen Sie sich vorher ein festes Limit und hören Sie auch tatsächlich auf, wenn dieser

Betrag aufgebraucht ist. Falls Sie Glück haben und deshalb weiterspielen möchten, lösen Sie Ihren Gewinn zwischendurch ein, um mindestens den ursprünglichen Einsatz herauszunehmen und beiseitezulegen – der Rest kann reuelos als „Spielgeld" dienen.

Es ist hilfreich, wenigstens ein Paar der gängigen Begriffe des **Spielerjargons** zu kennen.

„Hand Pay" meint den Gewinn, der direkt vom Personal ausbezahlt wird. „Stickman" schiebt die Würfel mit seinem Stock über den Craps-Tisch. Der „Shooter" ist der Spieler, der mit Würfeln an der Reihe ist. „Tokes" sind Trinkgelder für die Croupiers. „RFB Comp" erhalten besondere Gäste, die viel Geld im Casino lassen: Suite, Essen und Getränke gehen dann meist aufs Haus. „High Rollers" setzen sehr hohe Beträge ein. „Bust Hand" ist das Blatt bei Blackjack, das über 21 geht.

Chips – in den Casinos wird kaum Bargeld verwendet. Alle Casinos haben rote 5-Dollar-Chips, grüne 25-Dollar-Chips und schwarze 100-Dollar-Chips. Die Farben höherer Werte variieren.

Gut zu wissen: Das Spielen ist in Las Vegas erst ab 21 Jahren erlaubt. Betreten werden dürfen die Casinos aber auch von jüngeren Personen. Halten Sie sich auch in den Casinos an den Abend-Dresscode. Wenn Sie an Tischen gewinnen, ist für den Croupier ein Trinkgeld von 3-5 % üblich.

Bloß nicht: Fotografieren ist in den Casinos nicht gern gesehen. Setzen Sie sich ein Limit und überschreiten Sie dieses keinesfalls. Im Rausch des Spiels verliert man sonst schnell die Grenzen und die Übersicht, im schlimmsten Fall seine gesamte Urlaubskasse. Und auch wenn es noch so interessant scheint – schauen Sie den Spielern nicht allzu offensichtlich genau auf die Finger. Und: am Spieltisch herrscht nach gängiger Spieler-Etikette Handyverbot – schalten Sie Ihr Telefon auf lautlos und nehmen Sie auf keinen Fall Anrufe an.

Spartipp: In den Casinos werden Sie für die Dauer des Spiels mit kostenlosen (auch alkoholischen) Getränken versorgt. Im besten Fall spielen Sie am Automaten für wenige Cent mehrere Stunden und stecken der Bedienung anfangs ein höheres Trinkgeld um die 3-5 $ zu, dann kommt sie schnell wieder zu Ihnen. Bei den nächsten Runden reichen dann 1-2 $.

Im Vergleich zu den teuren Cocktails an der Bar (ab 10 $ aufwärts) können Sie sich so einen preiswerten feuchtfröhlichen Abend gestalten und das Geschehen im Casino entspannt beobachten.

Shows und Ausstellungen

F ür viele der Sehenswürdigkeiten in Las Vegas wird ein zum Teil recht hoher Eintritt verlangt. Plant man, viele der Hauptattraktionen zu besichtigen, lohnt sich der Kauf eines Sightseeing-Passes. Hier gibt es verschiedene Varianten in allen Preisklassen – von Eintagespässen bis zu Mehrtages-All-Inklusive-Pässen mit zusätzlichen Premium-Aktivitäten, wie z. B. Hubschrauberflug, Showeintritt, geführte Touren etc. Die Pässe kann man bereits vorab erwerben, aktiviert werden sie bei erstmaliger Nutzung. Details finden Sie z. B. unter www.sightseeingpass.com.

Außerdem werden an vielen Hotelrezeptionen, auf den Haupteinkaufsstraßen, in Shopping Centern sowie auch in Casinos Rabattflyer und Aktionscoupons mit großzügigen Vergünstigungen für verschiedene Shows und Events verteilt. Hier lohnt es sich, zuzugreifen und genau hinzuschauen.

Jedes Hotel bietet neben wechselnden Saisonveranstaltungen und Gastauftritten seine eigenen Dauervorstellungen an. Die Bühnen sind entsprechend genau auf den jeweiligen Künstler zugeschnitten. Die Aufzählung aller Darbietungen würde jeglichen Rahmen sprengen. Einige besonders beliebte und einzigartige Vorstellungen sollen im Nachfolgenden jedoch erwähnt sein:

MUSICAL/SÄNGER/AKROBATIK

Atemberaubende und absolut einmalige Kompositionen aus Tanz, Akrobatik, Lichteffekten und Musik erleben Sie allabendlich in den großartigen Shows des **Cirque de Soleil**. In verschiedenen Hotels werden regelmäßig die fantastischen Darbietungen aufgeführt, von denen jede ganz einzigartig und thematisch äußerst vielfältig ist. Die meisten Shows werden zweimal pro Abend aufgeführt, mit ein bis zwei Ruhetagen in der Woche. Informieren Sie sich rechtzeitig über die jeweiligen Spielpläne und Spielzeiten. Die bekanntesten und begehrtesten, jedoch auch die teuersten der großen Shows, sind unter anderem:

„**O**" – die gesamte Show dreht sich um das Thema Wasser, unzählige Synchronschwimmer und Akrobaten agieren in, auf und unter dem nassen Element. Hydraulische Vorrichtungen heben und senken das Wasser während der Vorstellung. Von den VIP-Logen aus können die Zuschauer sogar bei Champagner und Erdbeeren auf Unterwasserbildschirmen das Geschehen unter der Oberfläche verfolgen.

Michael Jackson ONE im Mandala Bay Resort – eine fantastische Mischung zu Ehren des King of Pop wird auch Sie begeistern. Eine weitere Hommage an ihre berühmten Namensgeber ist das Stück „Love" im Mirage Hotel mit den besten Songs der Beatles.

Weitere Dauerbrenner des Cirque de Soleil sind „**Mystére**" im Hotel Treasure Island, „**Ka**" im MGM Grand und **Le Reve** im Wynn Hotel.

Ein weiteres Showhighlight, welches auch durch internationale Tourneen bekannt geworden ist, sind die „**Blue Man Group**". Auch wenn man die „Blauen Männer" inzwischen auch in Europa erleben kann, ist die Show im Monte Carlo ein besonderes Ereignis. Viele der spektakulären Effekte kommen nur auf dieser speziell für die kuriose Truppe ausgelegten Bühne voll zur Geltung. Die Unterhaltung und Komik stehen hier im Vordergrund, daher ist die Show auch speziell beim jüngeren Publikum sehr beliebt.

Gastauftritte großer Stars – wenn Sie einen ganz bestimmten Star in der Stadt live erleben wollen, sollten Sie sich um Tickets kümmern, sobald Sie von dem Auftritt erfahren. Erfahrungsgemäß gibt es kurz vor der Vorstellung nur noch überteuerte Karten für die schlechtesten Plätze. Top-Entertainer geben oft nur ein Gastspiel und so kann man für eine Eintrittskarte von 100 bis 1000 EUR je nach Nachfrage investieren.

Im Flamingo Hotel lässt man bei „**Legends in Concert**" regelmäßig berühmte Stars wie Elvis Presley, Michael Jackson oder Johnny Cash wieder aufleben (www.legendsinconcert.de).

Des Weiteren werden zahlreiche klassische Tanzrevuen und auch erotische Shows dargeboten. Auch für die Damenwelt sind diese durchaus sehenswert. Denn auch wenn diese Vorstellung im prüden Amerika erst ab 18 Jahren zugänglich sind, bedeutet das nicht, dass es sich um obszöne Darbietungen handelt. Die Damen und Herren auf der Bühne besitzen oft genauso viel akrobatisches und ggf. auch sängerisches Talent wie ihre Kollegen auf den Spitzenbühnen – und unterhaltsam sind sie allemal. Die beste Kulisse hierfür findet sich wohl im Stratosphere Tower bei der „**Pin up**"-Show im Stil der 1940-1960er Jahre. Auch die „**FANTASY**" Erotikshow im Hotel Luxor gehört seit vielen Jahren zum etablierten Abendprogramm für Erwachsene.

Ein Tipp zum Schonen der Reisekasse: In den einen oder anderen Hotel-Casinos werden am Abend Lounge Shows aufgeführt. Für einige müssen Sie nur einen Drink bestellen, andere sind sogar völlig gratis.

In der Stadt, in der sich alles um Entertainment dreht, entdeckt man auch oft völlig unerwartet verschiedenste Darbietungen. Sei es eine Dixieland-Band auf einer Hotel-Plaza, eine Tanzvorführung in einem Shoppingcenter oder ein Streichquartett im Park. Es lohnt sich immer die Augen und Ohren offen zu halten und nicht einfach von einem Punkt zum nächsten zu eilen.

AUSSTELLUNGEN

Zahlreiche Hotels bieten besondere Expositionen, bei denen nicht nur Kunst- und Geschichtsinteressierte auf ihre Kosten kommen. Die meisten Ausstellungen sind in typischer Las-Vegas-Manier interaktiv gestaltet und lassen keine Langeweile aufkommen. Eine Auswahl der beliebtesten Ausstellungen finden Sie hier:

Mob-(Mafia)-Museum – Hier wird die Geschichte und die Bekämpfung der organisierten Kriminalität für Las Vegas und die gesamte USA in allen Variationen thematisiert. Original Exponate von Bugsy Siegel, Al Capone und Co. können begutachtet werden. Planen Sie für die Ausstellung über drei Stockwerke mindestens 2-3 Stunden ein. 300 Stewart Ave.

Neon Museum – Was wäre die Stadt ohne ihre Leuchtreklame? Der Geschichte und Kunst der Neonschilder widmet sich das 2012 eröffnete Museum. Eine sehenswerte Sammlung von rund 150 historischen Leuchtschriften, die zum Teil noch funktionieren, ist im „Neon Boneyard" aufgestellt. Dort finden Sie die coolsten Hintergründe für Fotos und das perfekte Selfie! 770 Las Vegas Blvd.

Auto Collection im Imperial Hotel – über 250 historische oder aus dem Showbusiness bekannte Oldtimer können hier begutachtet werden.

Madame Tussauds im Venetian Hotel – die erste amerikanische Dependance des Londoner Wachsfigurenkabinetts mit über 100 Stars und Sternchen zum Anfassen und Fotografieren. Sie erwarten u. a. George Clooney, Michael Jackson, Brad Pitt und Jennifer Lopez.

MAGIE

David Copperfield im MGM Grand Hotel – der bekannte Magier bezaubert auch nach Jahrzehnten noch sein Publikum.

Hans Klok – den schnellsten Zauberer der Welt und seine Kunststücke erleben Sie im Excalibur Hotel.

Gut zu wissen: Alles über Shows und Events finden Sie unter www.lasvegas.com/shows-and-events. Beachten Sie den Dresscode bei den Dinnershows!

Bloß nicht: Zu spät an der Abendkasse sein, um seine Tickets abzuholen – diese werden sonst ggf. ab 30 min vor Vorstellungsbeginn weiterverkauft.

Spartipp: Ermäßigte Restkarte für die Shows desselben Abends erhalten Sie bei www.tix4tonight.com, am Hawaiian Marketplace, vor der Shopping Mall Fashion Show, im Four Queens nahe der Colaflasche am MGM Grand. Alternativ kann man an der Abendkasse der jeweiligen Show versuchen, die reservierten und nicht abgeholten Karten zu erhaschen – ab 1 h vor Vorstellungsbeginn werden diese weiterverkauft. Kommen Sie früh, um auf der Warteliste möglichst weit oben zu stehen.

Yes I Do! – Hochzeit mit Elvis

Nicht nur für seine ausgefallenen Hotels und zahlreichen Casinos ist Las Vegas berühmt geworden. Die – im Vergleich zu den meisten anderen Ländern – recht lockeren Heiratsbedingungen von Nevada machen es möglich. Jährlich werden im Regierungsbezirk Clark County über 100.000 Trauungen vollzogen. Schnell, preiswert, bequem und ausgefallen kann sich hier zu allen Tages- und Nachtzeiten getraut werden. Aber ganz so einfach wie in den berüchtigten Hollywood-Movies ist es dann doch nicht. Auch vor Las Vegas macht die Bürokratie nicht halt. Auch in der Stadt der Sünde müssen bestimmte Regeln eingehalten werden.

VORAUSSETZUNGEN

Alle Personen **ab 18 Jahren, die ledig, verwitwet oder rechtskräftig geschieden sind,** dürfen sich in Nevada das Jawort geben. Zwischen 16-18 Jahren benötigt man die Einwilligung der Erziehungsberechtigten.

Eine **Heiratserlaubnis** für 75 $ erhält man ohne besondere Nachweise bei der Clark County Marriage Service Devision (Marriage Bureau, 201 Clark Ave. Zwischen Strip und Downtown.). Diese hat täglich von 8-24 Uhr geöffnet. Wer an Silvester, Valentinstag oder anderen besonderen (Feier-)Tagen heiraten möchte, sollte sich die Genehmigung frühzeitig einholen. In der Regel benötigt man in der Behörde allerdings keinen Termin, Wartezeiten sind aber einzuplanen.

Die eigene **Identität** muss dort mithilfe eines gültigen Passes, Führerscheins oder einer beglaubigten Kopie der Geburtsurkunde nachgewiesen werden.

Der Trauungsbevollmächtigte fordert in der Regel noch einmal ca. 50 $ für seine Dienste. Dies kann ein Standesbeamter, Friedensrichter oder anderer Vertreter einer anerkannten Religionsgemeinschaft sein. Trauzeugen sind nötig, werden aber ggf. vom ausführenden Veranstalter oder der Kapelle (Chapel) gestellt.

HOCHZEITSPAKETE

Egal ob mein sein Gelöbnis zum ersten Mal abgeben, oder eine bestehende Hochzeit auf originelle Weise erneuern möchte – für jeden Geschmack ist das passende Hochzeitsangebot dabei.

Man kann einzelne Leistungen selbst zusammenstellen oder gleich ein praktisches Hochzeitspaket in verschiedensten Varianten buchen.

Die regulären Pakete bewegen sich von den Kosten her zwischen ca. 200-600 $ und beinhalten meist alle notwendigen Papiere und Dokumente, die Abholung und den Rücktransport vom bzw. zum Hotel, die Trauung in einer der zahlreichen kleinen Hochzeitskapellen inkl. Foto- und Filmdokumentation und die Besorgung eines Trauungsbevollmächtigten sowie ggf. von notwendigen Trauzeugen. Je nach Anspruch und Bedarf lassen sich hier unzählige Ergänzungen/Extras und Zusatzleistungen in Anspruch nehmen. Ob eine Trauung zu live gesungenen Songs von Elvis, eine Abholung im berühmten „Pink Cadillac", eine Hochzeit im Hubschrauber oder dem Grand Canyon, ja sogar das Ja-Wort beim Fallschirmsprung. Nichts ist unmöglich. Stets wird die Traurede auch in der gewünschten Landessprache der Eheleute angeboten. Und das ganze sogar zu einem recht erschwinglichen Preis – vergleicht man das Kostenniveau mit einer durchschnittlichen Hochzeit in Deutschland. Und fällt das Traudatum nicht gerade auf einen besonderen Feiertag, lässt sich so ein Komplettprogramm tatsächlich binnen weniger Stunden organisieren.

Die Shops sind ebenfalls auf spontan heiratswillige Kundschaft eingestellt. Insofern findet man in den einschlägigen Shopping Malls jede Menge Hochzeitsmode in allen Preiskategorien sowie den passenden Schmuck und Ringe. Eine Gravur von Trauringen ist beispielsweise auch völlig spontan in einigen der Schmuckläden im äußeren Ring der Stadt binnen 1-2 h auch zu später Stunde sofort möglich. Die meisten Restaurants, Bars und Clubs bieten außerdem Spezialangebot für alle, die im Heiratsoutfit zur „Feier des Tages" eintrudeln. Fragen Sie nach den Honeymoon- bzw. Wedding-Offers und lassen Sie sich am Tag der Tage einmal richtig verwöhnen – im besten Fall auch noch mit einiger Ersparnis.

Alle großen Hotels beschäftigen zudem spezielle Hochzeitsplaner. Wollen Sie sich mit der Planung Ihres großen Tages oder auch Ihrer Flitterwochen nicht selbst beschäftigen, stehen Ihnen diese Spezialisten stets mit Rat und Tat sowie allerlei besonderen Angeboten zur Verfügung.

ANERKENNUNG IN DEUTSCHLAND

Die Heiratsurkunde, welche man nach vollzogener Trauung vom Standesbeamten erhält, wird von den Behörden in Deutschland, Österreich und weiteren europäischen Ländern nicht ohne Weiteres anerkannt. Eine beglaubigte Kopie des registrierten Trauscheins und eine Apostille, (ein Schreiben, das die Echtheit der Urkunde bestätigt, sind notwendig. Manchmal auch eine deutsche Übersetzung. Die

Registrierung übernehmen oft die Wedding Coordinators. Im Recorder´s Office im Clark County Government Center muss entweder gleich oder später schriftlich eine beglaubigte Kopie beantragt werden. Die Apostille wird dann vom Staatssekretär in Carson City bei Vorlage dieser Beglaubigung ausgestellt. Mit diesen Urkunden kann man dann zu Hause beim zuständigen Standesamt den Antrag auf „Nachbeurkundung der im Ausland geschlossenen Ehe" beantragen. Heutzutage gibt es zahlreiche Unternehmen, die sich auf europäische Hochzeiten im Ausland spezialisiert haben und diese Behördenangelegenheiten bei Bedarf für Sie übernehmen.

Vor allem nördlich des Strip reihen sich zahlreiche „Wedding Chapels" – Hochzeitskapellen – auf. Dazu gibt es in den meisten Casino- und Hotelkomplexen sehr schöne Hochzeitskapellen nebst dem dazu gehörigen Komplettservice. Zu den alteingesessenen, unabhängigen Unternehmen gehört u. a. Chapel of the Flowers (www.littlechapel.com) – ein Familienbetrieb mit hervorragendem Service, mehreren Pfarrern, Kapellen unterschiedlicher Größe und Packages mit verschiedensten Spezialitäten u. a. dem Stratosphere Tower, werden ab ca. 200 $

angeboten.

Shopping

Einen Tag in Vegas sollte man sich zum Shoppen bereithalten – die Schnäppchen in den Outlets sind auch für Einkaufsmuffel sehr verführerisch. Und natürlich müssen Sie Ihren Liebsten die typischen Las Vegas Souvenirs mit nach Hause bringen! Beachten Sie bei Ihrem Einkaufstrip die Zollausfuhrgrenzen.

OUTLETS

In Las Vegas gibt es zwei einschlägige Outlet-Stores nördlich und südlich des Stadtzentrums. Die „Premium Outlets North bzw. South" bieten die Waren vieler Modemarken in Form von Kleidung, Schmuck, Taschen, Schuhe, diversen Accessoires und vielem mehr zu einem Bruchteil der europäischen Preise an.

Viele Touristen fahren in die North Outlets, da sie neuer und moderner sind. Inzwischen haben die South Outlets aber nach diversen Renovierungen nachgezogen. Bei rund 40 Grad im Schatten während der Sommermonate ist es sehr angenehm, dass der größte Teil der Shops sich klimatisiert indoor befindet.

Achten Sie insbesondere auf die BOGO (Buy One get One free) Angebote oder „Buy One Get One Half off".

MALLS

Auch beim Einkaufen weicht Las Vegas von der üblichen Norm ab. Man flaniert hier nicht durch Stadtviertel oder bestimmte Einkaufsstraßen, sondern durch Casino-Komplexe. Die meisten verfügen über eigene voll klimatisierte Einkaufspassagen, die berühmten „Flaniermeilen" aus aller Welt nachgestaltet sind. Empfehlenswert sind jene im Caesars Palace (angelehnt an Rom), im Bellagio, im Paris (französisch), Wynn und die Miracle Mile im Planet Hollywood. Von exklusiven Boutiquen bis zum günstigen Souvenirshop ist dort alles zu finden. Die inzwischen bekannteste und größte Shopping Mall in Las Vegas ist die Fashion Show. Das gehobene Einkaufsparadies beinhaltet zahlreiche Marken und veranstaltet auch regelmäßig Modenschauen.

Die **Galleria at Sunset** bietet auch praktische Dienstleistungen wie Fotoservice, Schuh- und Schmuckreparaturen, kostenlose Schmuckreinigung und Geschenkverpackungen an. Außerdem stehen Besuchern ein Friseursalon, ein Schönheitssalon und ein Briefmarkenladen zur Verfügung.

Auf der 9300 qm umfassenden Brücke zwischen dem Mandala Bay Hotel und dem Luxor Hotel ist eine bunte Auswahl an Läden versammelt. Unter anderem finden Sie dort den weltweit ersten Nike Shop und mit The Art of Music einen tollen Store, mit signierten Einzelstücken aus der Musikbranche. Außerdem können Sie in vielen Cafés und Restaurants eine Rast einlegen.

Auch ein Einkaufsbummel durch Venedig ist in der Stadt der unbegrenzten Möglichkeiten kein Problem. Die Grand **Canal Shoppes im Palazzo** ist die jüngste Shopping Mall für Luxusgüter. Die Anlage beinhaltet mehr als 60 exklusive Labels.

SOUVENIRS

Ein Muss für das echte und verrückte Las Vegas Partyfeeling sind die riesigen Umhänge-Getränkebehälter, welche viele Hotels in zu ihrem jeweiligen Motto passender Form anbieten. Mit bis zu 5 Litern eisgekühlten – meist alkoholischen – Getränken werden Gitarre, Eiffelturm oder Schwerter aus Kunststoff befüllt. So garantieren Sie bei Ihrem Städtetrip jederzeit angenehme Erfrischung und optimale Getränkeversorgung.

Natürlich finden Sie auch an jeder Straßenecke

unzählige Souvenirshops mit den typischen Las Vegas Merchandise-artikeln. Beliebt sind hier besonders die Shirts und Gläser mit Ehesymbolen und dem Schriftzug „Game Over", Erinnerungsstücke mit dem bekannten Las Vegas Sign oder auch Spielkarten und Pokerchips in allen Variationen. Außerdem natürlich die Artikel zum bekannten Hollywoodmovie „Hangover", die so gut wie alles bieten, was das Junggesell(inn)enabschiedsherz begehrt.

Die witzigsten Souvenirs finden Sie im Bonanza Gift Shop (auf dem Strip gegenüber des SLS Las Vegas) – was es hier nicht gibt, gibt es nirgends. Tassen, Schlüsselanhänger, Schmuck und vom künstlichen Hundehaufen bis zum orangefarbenen Nevada-Staatsgefängnis-Shirt ist alles dabei – zu sensationell günstigen Preisen.

Seine persönlichen M&Ms kann man im M&Ms World Gift Store (neben dem Coca Cola Laden) drucken lassen.

Für Spielerprofis bietet der Gambler General Store die idealen Mitbringsel. Egal ob geschnittene Karten, benutzerdefinierte Pokerchips, Würfel und sogar passende Schuhe – der Laden bietet alles, was das Spielerherz höherschlagen lässt.

Weitere Themenshops finden Sie außerdem im Mob Museum (Mafia-Merchandise), im Marvel S.T.A.T.I.O.N. Geschenk Shop (für alle Marvel Superhelden Fans) oder auch im Michael Jackson One Boutique (King of Pop und Cirque de Soleil Fanartikel).

Gut zu wissen: Shoppen gehen Sie am besten morgens – dann ist in den Läden am Strip deutlich weniger los. Kleinere Geschäfte, besonders Souvenirshops, akzeptieren oft nur Bargeld. Eingekaufte Waren sind beim Import nach Deutschland bis zum Wert von 430 EUR (Jugendliche 175 EUR) zollfrei.

Bloß nicht: In High Heels zur Shopping-Tour starten. Die Shopping Malls und Outlets sind ausgedehnt über die ganze Stadt verteilt. Sie werden viel laufen und ggf. auch einiges anprobieren. Tragen Sie für Ihren Shoppingtag bequeme Schuhe und Kleidung, die Sie leicht wechseln können.

Spartipp: Besuchen Sie die Outlets – Markenkleidung und Accessoires sowie Schmuck gibt es dort zu einem Bruchteil der europäischen Preise.

Wenn man schon mal da ist...

AUSFLÜGE INS UMLAND

Bei einem Trip über den großen Teich lohnt es sich natürlich, auch die Attraktionen in der näheren und weiteren Umgebung von Las Vegas zu erkunden. Dafür werden reichlich organisierte Ausflüge angeboten. Mit Bus und/oder Flugzeug geht es z. B. zum Hoover Dam/Lake Mead, zum Grand Canyon, dem Skywalk oder in die Wüste.

Informationen im Internet finden Sie unter www.airbridgetours.com, www.grayline.com

VALLEY OF FIRE, RED ROCK CANYON, HOOVER DAM, SKYWALK ETC.

Grundsätzlich könnte man Zion, Grand Canyon und Death Valley im Zuge einer einzigen Tour besuchen. Sinnvoll um alle Eindrücke zu genießen ist es aber, drei einzelne Ausflüge zu unternehmen.

1.   Fahren Sie auf dem Highway 15 gen Osten bis zur Ausfahrt Valley of fire. Genießen Sie für einigen Stunden die Fahrt auf dem Scenic Drive des Parks, wandern Sie durch den Petroglyph Canyon zum Mouse´s Tank und besuchen Sie das Lost City Museum. Dann geht es auf dem Highway 16 nach Mesiquite zum Essen. Den Sonnenuntergang genießen Sie von einem der Aussichtspunkte des Parks. Sie können im Park oder in Springdale übernachten.

2.   Der Highway 93 bringt Sie nach Kingman, die Highways 40 und 64 weiter zum Nationalpark. Die Pracht des Canyons lässt sich schon bei der Fahrt am Rand entlang erahnen. Eine Tour zum Talboden mit Übernachtung und evtl. einer Flussfahrt machen den Ausflug unvergesslich. Die Reservate entlang des Rims erlauben Einblicke in die Indianerkultur.

3.   Von Las Vegas aus führen drei Routen ins Death

Valley. Detaillierte Informationen für die Planung der für Sie passenden Wegstrecke finden Sie unter www.nps.gov/deva. In Scotty´s Castel kann man sich mit Snacks und Getränken versorgen.

ORGANISIERTE TOUREN

GC Flight – Das Unternehmen bietet Flüge mit Flugzeugen und Hubschraubern sowie Busreisen von Las Vegas zum Hoover Dam und Grand Canyon an, auch Flüge über den Strip. www.gcflight.com

Pink Jeep Tours – Das für seine fachkundigen Führer bekannte Unternehmen veranstaltet verschiedene Tages- und Halbtagestouren für Gruppen und besitzt eine offizielle Genehmigung.

Showtickets.com bietet eine Übersicht über die Touren, die verschiedene Anbieter zu interessanten Zielen veranstalten.

Nützliche Links und Apps

www.vegas.com/mobileapp – offizielle kostenfreie Las Vegas App – Buchen Sie Hotelzimmer, Restaurants, Tickets für Museen, Shows, Führungen, Rundfahrten, Clubeintritte etc. mit Rabatten zwischen 10-50 %

www.lasvegasweekly.com – Website der gleichnamigen Zeitung, mit aktuellen Veranstaltungshinweisen und Hintergrundinformationen

What happens in Vegas stays in Vegas

Ein Abenteuer in Las Vegas sollte man als solches ansehen. Grenzen in jeglicher Form werden zu jeder Zeit an jedem Ort leicht gesprengt. Nicht umsonst trägt die Stadt den Beinamen „Sin City". Verführungen aller Art locken an jeder Straßenecke. Die Gratwanderung zwischen entspanntem Treiben lassen in der Glitzerwelt der unglaublichen Impressionen und dem Verlust jeglicher

Vernunftsbeschränkung sind fließend und oft schwer zu ziehen.

Erwarten Sie keinen Reichtum beim Glücksspiel, keine Liebe des Lebens in den Nachtclubs und stellen Sie sich auf wenig Schlaf und viele außergewöhnliche Eindrücke ein. Seien Sie nicht allzu vernünftig und sparsam – aber setzen Sie sich Grenzen und halten Sie diese auch ein. Sei es beim Reisebudget oder Ihrer Risikobereitschaft.

Achten Sie auch in der allerbesten Feierlaune auf sich und Ihre Wertsachen. Lassen Sie sich nicht spontan Tätowieren – zumindest nicht im sichtbaren Bereich. Starten Sie mit Menschen Ihres Vertrauens ins Abenteuer Vegas – so achten Sie gegenseitig auf sich und Ihre Grenzen. Genießen Sie das Außergewöhnliche und die einmalige Atmosphäre der Stadt der Superlative.

Las Vegas ist und bleibt eine Touristenstadt – ein absolutes Unikum in der Fülle der typisch amerikanischen Großstädte, eine Art von Disneyland für Erwachsene. Alles kann – nichts muss. Alles geht: mit genügend Kreativität, Enthemmung und Kleingeld gibt es kaum etwas, was sich dort nicht realisieren lässt. Einen – natürlich hollywoodmäßig übertriebenen – aber ansatzweise doch realistischen Einblick in die Kuriositäten der Stadt gibt der einschlägige Kinofilm „Get him to the Greek" – daneben natürlich auch der famose Streifen „Hangover".

Machen Sie sich Ihr eigenes Bild von der Stadt der Sünde – Stadt der Lichter – Stadt der Stars und Sternchen, der US-Mafia, der Heiratswilligen und Partywütigen, der unbegrenzten Unterhaltungsmöglichkeiten und Superlativen 24 Stunden 7 Tage die Woche.

Welcome and have Fun in „Fabulous Las Vegas!"

Herstellung und Verlag:

BoD – Books on Demand, Norderstedt

ISBN: 9783750496613

© Pia Wallenstein 2020

1. Auflage

Kontakt: Psiana eCom UG/ Berumer Str. 44/ 26844 Jemgum

Covergestaltung: Fenna Larsson

Coverfoto: depositphotos.com